CONOCE LA HISTORIA DE ESTADOS UNIDOS

LA GUERRA FRANCO-INDIA

SETH LYNCH
TRADUCIDO POR ESTHER SARFATTI

Gareth Stevens PUBLISHING

ENCONTEXTO

Please visit our website, www.garethstevens.com. For a free color catalog of all our high-quality books, call toll free 1-800-542-2595 or fax 1-877-542-2596.

Library of Congress Cataloging-in-Publication Data

Names: Lynch, Seth, author.
Title: La guerra franco-india / Seth Lynch.
Description: New York : Gareth Stevens Publishing, 2019. | Series: Conoce la historia de Estados Unidos | Includes index.
Identifiers: LCCN 2017050822| ISBN 9781538249369 (library bound) | ISBN 9781538249352 (pbk.)
Subjects: LCSH: United States--History--French and Indian War, 1754-1763--Juvenile literature.
Classification: LCC E199 .L96 2018 | DDC 973.2/6--dc23 LC record available at https://lccn.loc.gov/2017050822

First Edition

Published in 2020 by
Gareth Stevens Publishing
111 East 14th Street, Suite 349
New York, NY 10003

Translator: Esther Sarfatti
Designer: Samantha DeMartin
Editor: Kristen Nelson

Photo credits: Series art Christophe BOISSON/Shutterstock.com; (feather quill) Galushko Sergey/Shutterstock.com; (parchment) mollicart-design/Shutterstock.com; cover, p. 1 Themadchopper/Wikimedia Commons; p. 5 Leemage/Universal Images Group/Getty Images; p. 7 Bardocz Peter/Shutterstock.com; p. 9 Scewing/Wikimedia Commons; p. 11 Culture Club/Hulton Archive/Getty Images; p. 13 PhotoQuest/Archive Photos/Getty Images; p. 15 adoc-photos/Corbis Historical/Getty Images; p. 17 Stock Montage/Archive Photos/Getty Images; pp. 19, 23 Hulton Archive/Hulton Archive/Getty Images; p. 21 Print Collector/Hulton Archive/Getty Images; p. 25 Archive Photos/Archive Photos/Getty Images; p. 27 Universal History Archive/Universal Images Group Editorial/Getty Images; p. 29 H. Armstrong Roberts/ClassicStock/Getty Images.

Printed in the United States of America

CPSIA compliance information: Batch #CS18GS: For further information contact Gareth Stevens, New York, New York at 1-800-542-2595.

CONTENIDO

Las palabras del glosario se muestran en **negrita** la primera vez que aparecen en el texto.

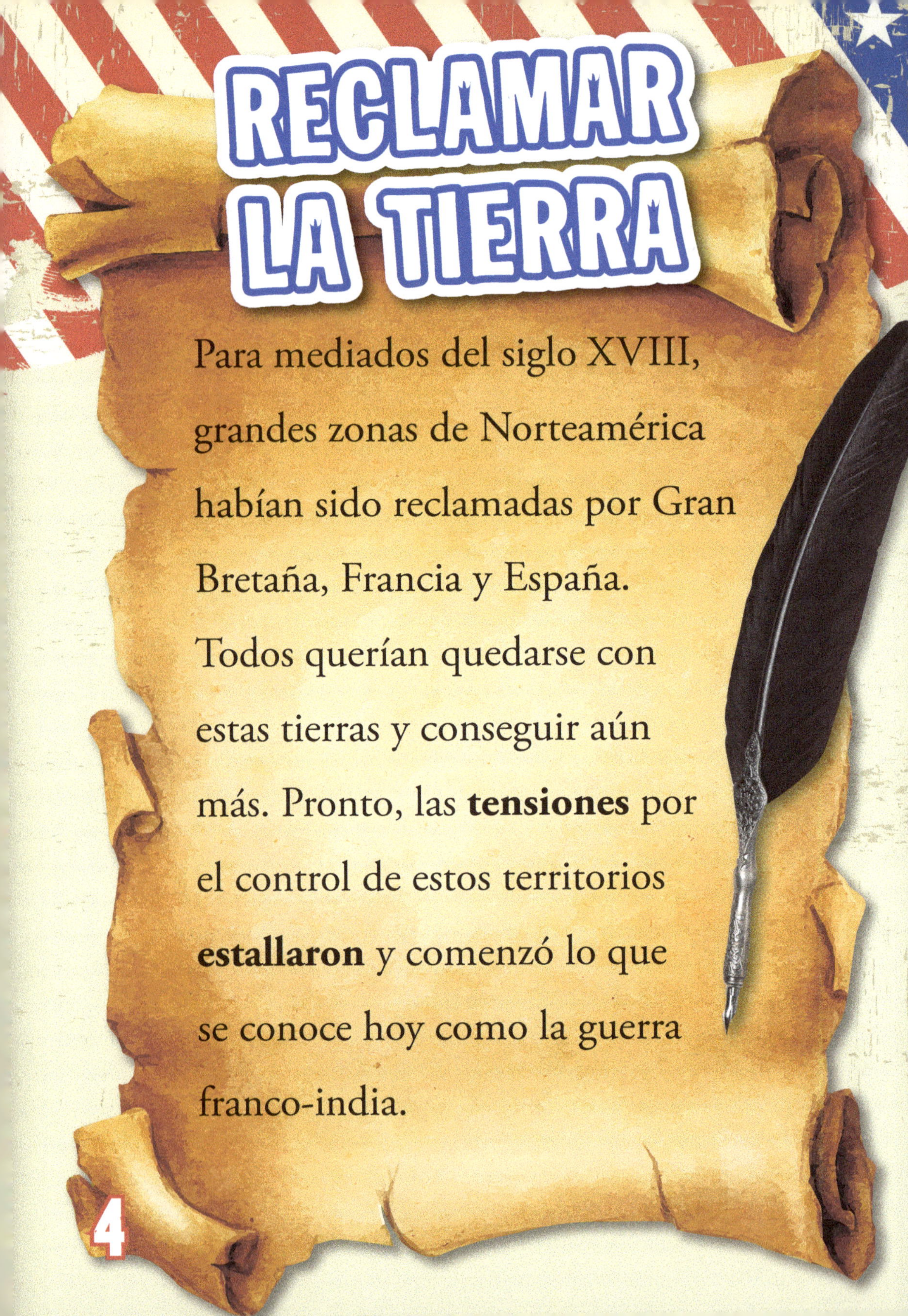

RECLAMAR LA TIERRA

Para mediados del siglo XVIII, grandes zonas de Norteamérica habían sido reclamadas por Gran Bretaña, Francia y España. Todos querían quedarse con estas tierras y conseguir aún más. Pronto, las **tensiones** por el control de estos territorios **estallaron** y comenzó lo que se conoce hoy como la guerra franco-india.

SI QUIERES SABER MÁS

Cuando los europeos reclamaban tierras para sus países, se trataba a menudo de tierras que habían pertenecido a nativos americanos durante miles de años.

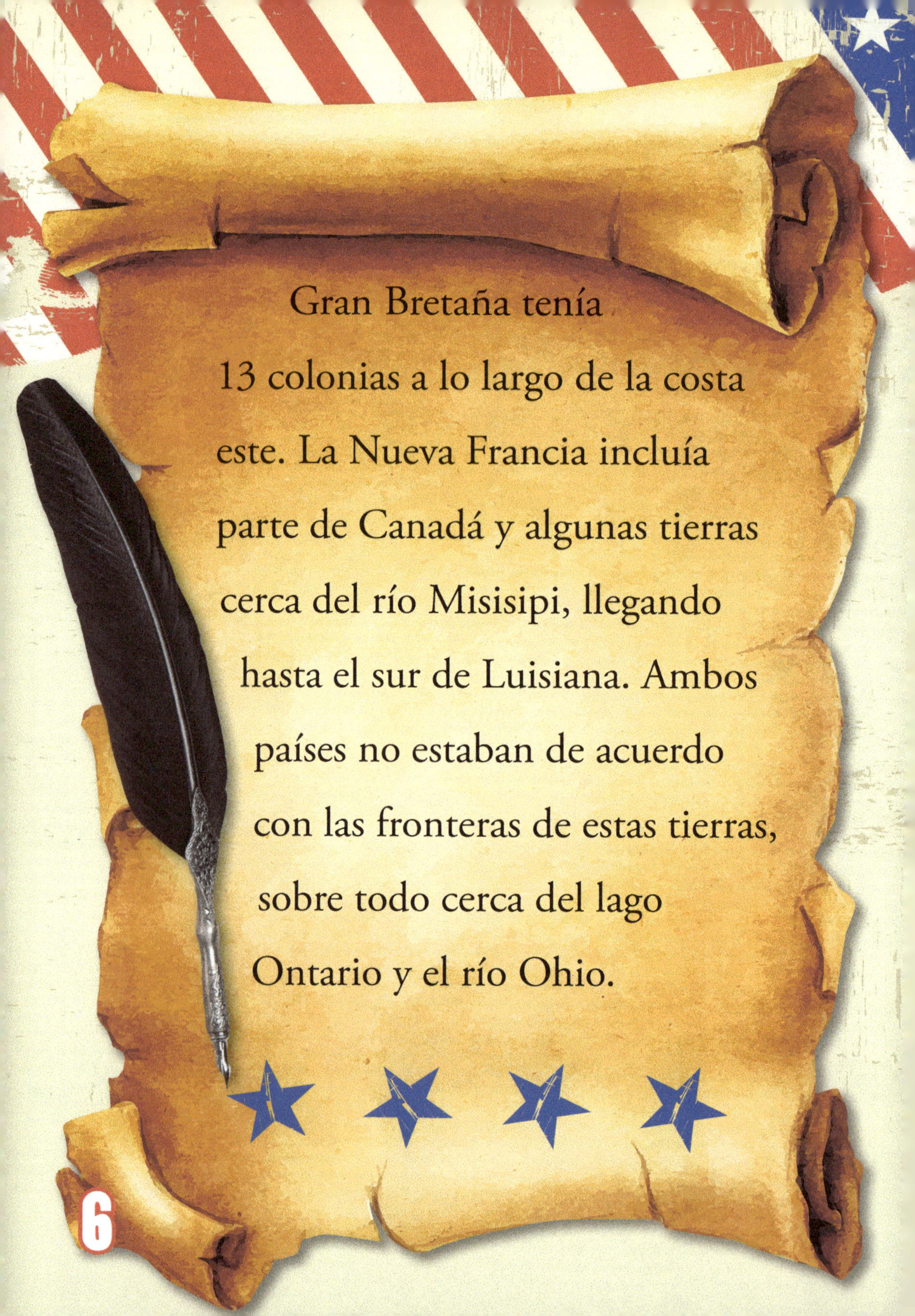

Gran Bretaña tenía 13 colonias a lo largo de la costa este. La Nueva Francia incluía parte de Canadá y algunas tierras cerca del río Misisipi, llegando hasta el sur de Luisiana. Ambos países no estaban de acuerdo con las fronteras de estas tierras, sobre todo cerca del lago Ontario y el río Ohio.

SI QUIERES SABER MÁS

España reclamó Florida en el siglo XVI y también reclamaba los territorios que hoy son Texas, California, Nuevo México y México.

NUEVA INGLATERRA

NUEVA FRANCIA

Océano Atlántico

NUEVA ESPAÑA

Golfo de México

FLORIDA

Mar Caribe

NORTEAMÉRICA

DESPUÉS DE 1748

BRITÁNICO

TERRITORIO DISPUTADO RECLAMADO POR GRAN BRETAÑA/FRANCIA

FRANCÉS

TERRITORIO RECLAMADO POR FRANCIA NO DISPUTADO

ESPAÑOL

TERRITORIIO RECLAMADO POR ESPAÑA NO DISPUTADO

LA TENSIÓN AUMENTA

Alrededor de 1750, los colonos británicos comenzaron a mudarse a tierras reclamadas por los franceses. Para el año 1754, Francia había comenzado a construir un fuerte en la Pensilvania actual, en tierras reclamadas también por los británicos. Además, las fuerzas francesas habían capturado asentamientos británicos en esta zona.

SI QUIERES SABER MÁS

Los británicos enviaron a George Washington, que entonces tenía 21 años, y a un grupo de hombres para que echaran a los franceses de las tierras británicas. Los franceses se negaban a salir, decían que las tierras eran suyas.

COMIENZA LA BATALLA

Los franceses llamaron al fuerte que habían construido fuerte Duquesne. Las fuerzas británicas, incluyendo a Washington, recibieron órdenes de **exigir** que los franceses devolvieran el territorio que habían ocupado. En mayo de 1754, las fuerzas francesa y británica se enfrentaron en la batalla de Jumonville Glen.

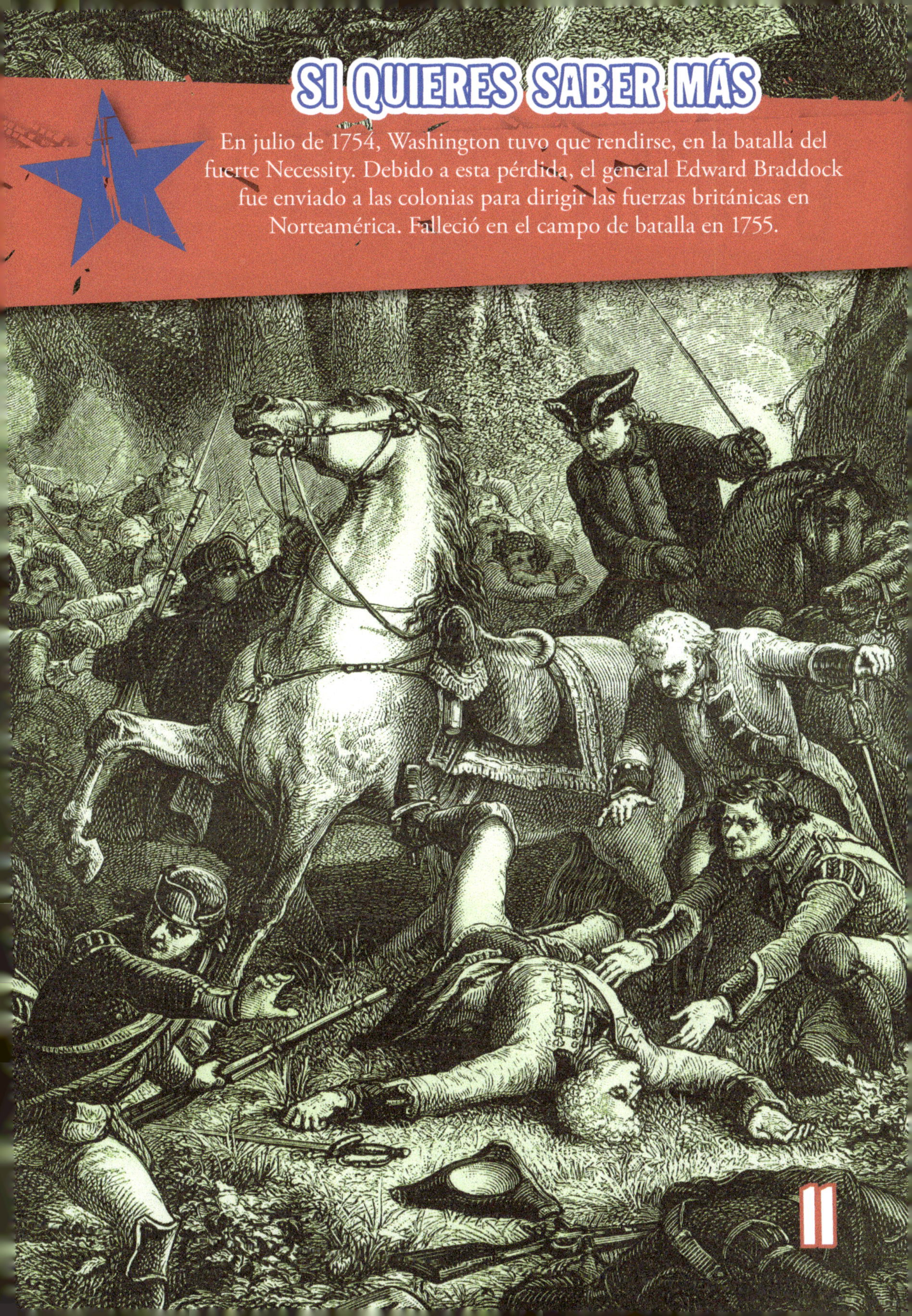

SI QUIERES SABER MÁS

En julio de 1754, Washington tuvo que rendirse, en la batalla del fuerte Necessity. Debido a esta pérdida, el general Edward Braddock fue enviado a las colonias para dirigir las fuerzas británicas en Norteamérica. Falleció en el campo de batalla en 1755.

TOMAR PARTIDO

Los nativos americanos que vivían en el valle del río Ohio, donde tuvo lugar gran parte de la guerra, pelearon en ambos bandos. Aunque la mayoría de los nativos luchó al lado de los franceses, la Confederación iroquesa, un grupo grande y poderoso de Nueva York, luchó junto a los británicos.

SI QUIERES SABER MÁS

Esta guerra recibió su nombre por el gran número de nativos americanos que participaron en ella. Querían mantener el control sobre su propia tierra y seguramente lucharon con el bando que creían que les daría el mejor trato al finalizar la guerra.

LA GUERRA MAYOR

La guerra franco-india fue la parte norteamericana de una guerra mayor. La parte europea de la guerra comenzó en 1756, cuando Austria trató de reclamar territorios en Europa. Hoy esta guerra se conoce como la guerra de los Siete Años. Al principio, Francia tuvo muchos éxitos.

SI QUIERES SABER MÁS

Gran Bretaña y Francia también lucharon por reclamos coloniales en la India durante la guerra de los Siete Años.

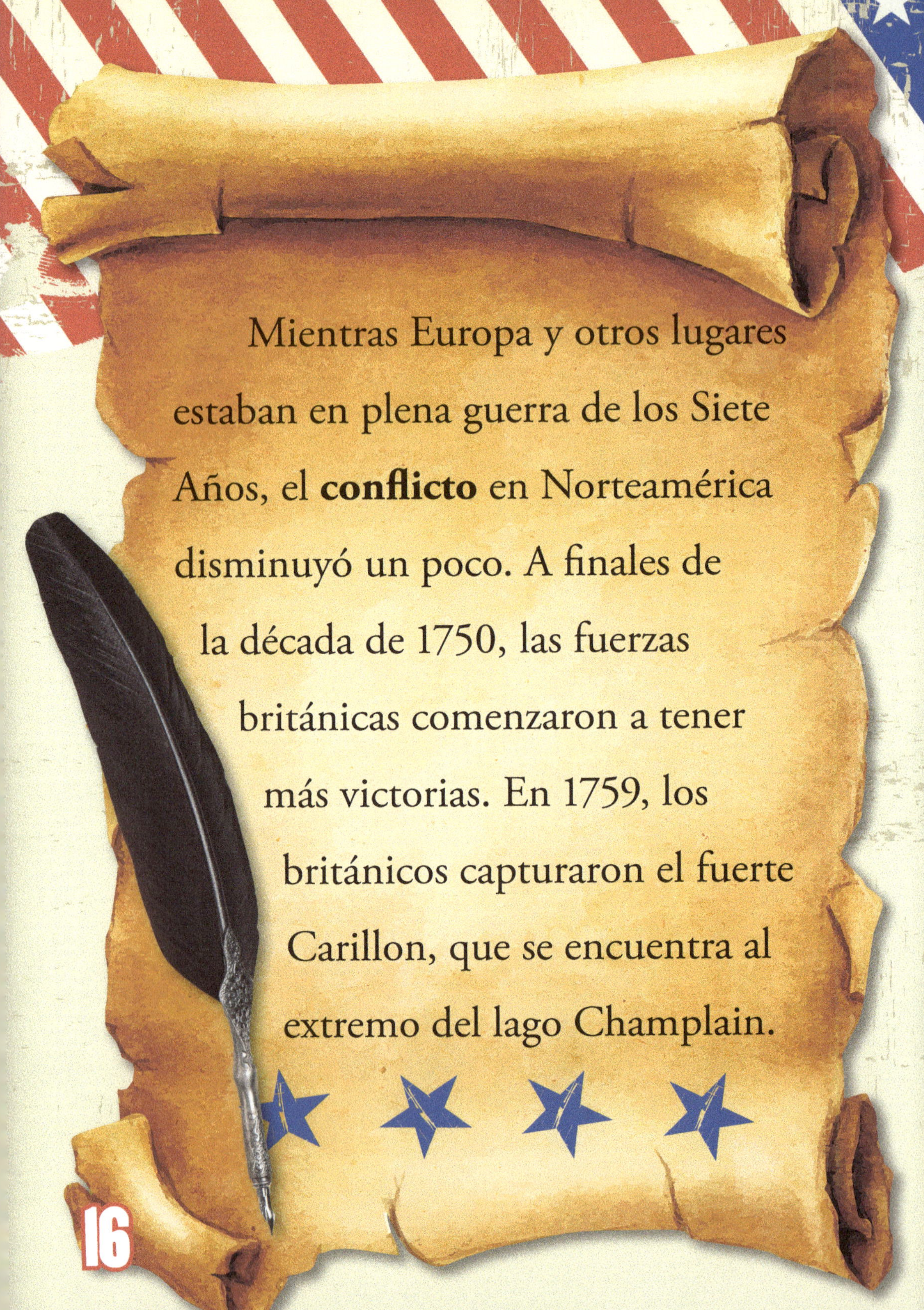

Mientras Europa y otros lugares estaban en plena guerra de los Siete Años, el **conflicto** en Norteamérica disminuyó un poco. A finales de la década de 1750, las fuerzas británicas comenzaron a tener más victorias. En 1759, los británicos capturaron el fuerte Carillon, que se encuentra al extremo del lago Champlain.

SI QUIERES SABER MÁS

Los británicos cambiaron el nombre del fuerte Carillon por fuerte Ticonderoga.

LA INVASIÓN DE CANADÁ

Ese mismo año, los británicos **invadieron** Canadá, empezando por Quebec. La ciudad se había construido en una parte del río San Lorenzo, que permitía la entrada al resto de Nueva Francia. Después de una batalla, los franceses entregaron la ciudad y el control de Canadá a los británicos.

SI QUIERES SABER MÁS

Construida en un acantilado con vista al río, Quebec tenía algo de **protección** natural.

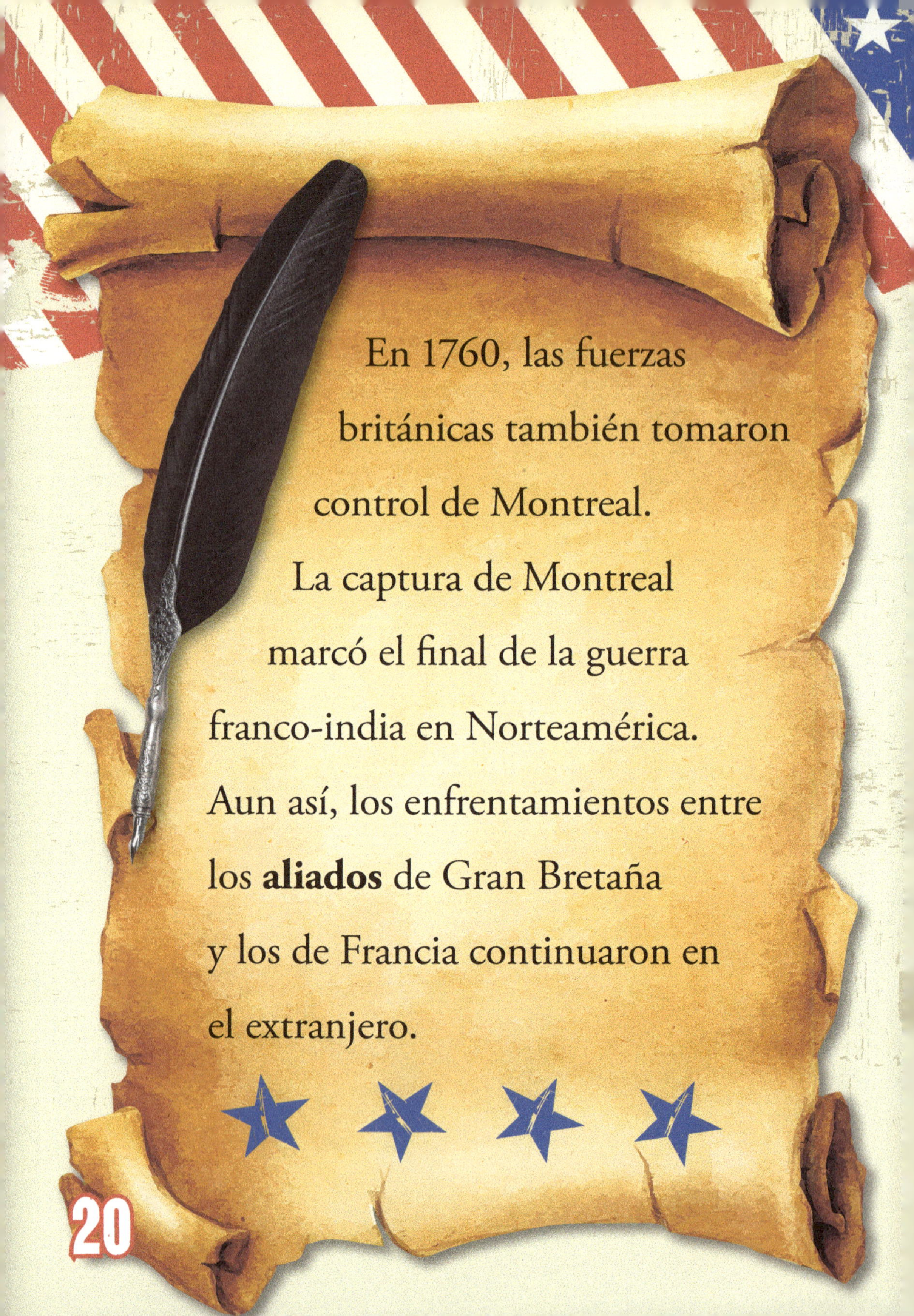

En 1760, las fuerzas británicas también tomaron control de Montreal. La captura de Montreal marcó el final de la guerra franco-india en Norteamérica. Aun así, los enfrentamientos entre los **aliados** de Gran Bretaña y los de Francia continuaron en el extranjero.

SI QUIERES SABER MÁS

Es importante recordar que muchos otros países europeos participaron en la guerra de los Siete Años. Los conflictos que más afectaron a Norteamérica fueron los de Gran Bretaña y Francia, junto con España.

ESPAÑA SE UNE A FRANCIA

En 1762, España se unió a Francia para luchar contra los británicos. Su acuerdo se llamó el Pacto de Familia, ya que el rey de Francia y el de España eran primos. Esta unión no cambió demasiado las cosas. Después de varias batallas, pérdidas y otros eventos en Europa, Francia buscó la paz en 1762.

SI QUIERES SABER MÁS

Los buques españoles no podían competir con los de la poderosa armada británica, que tomó las islas francesas del Caribe, las Filipinas y Cuba, que era española.

EL TRATADO

La guerra de los Siete Años y la guerra franco-india terminaron oficialmente con la firma del **Tratado** de París en 1763. Gran Bretaña tomó formalmente **posesión** del Canadá francés y del territorio de Francia al este del río Misisipi, así como también de tierras en la India, África y el Mediterráneo.

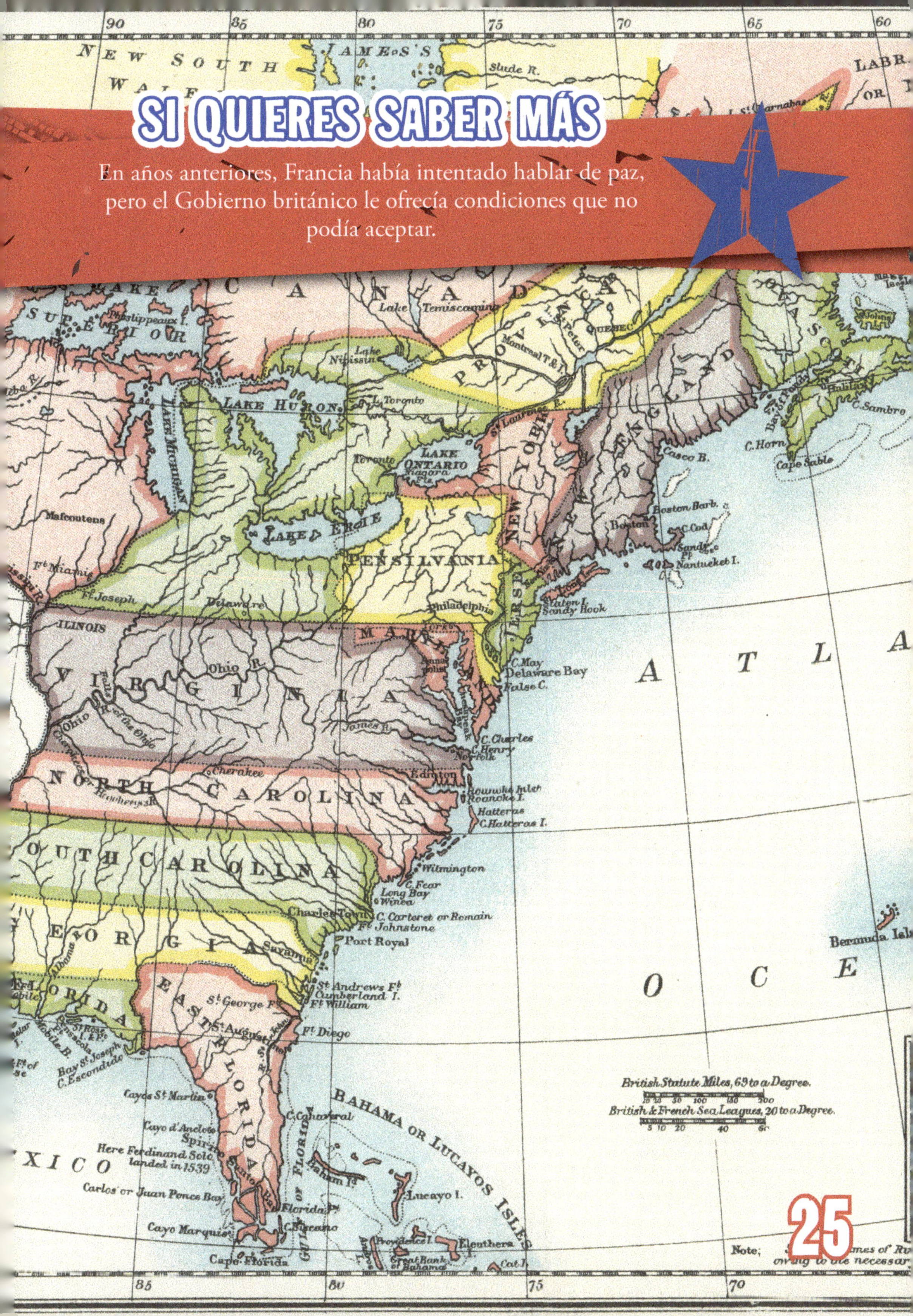

SI QUIERES SABER MÁS

En años anteriores, Francia había intentado hablar de paz, pero el Gobierno británico le ofrecía condiciones que no podía aceptar.

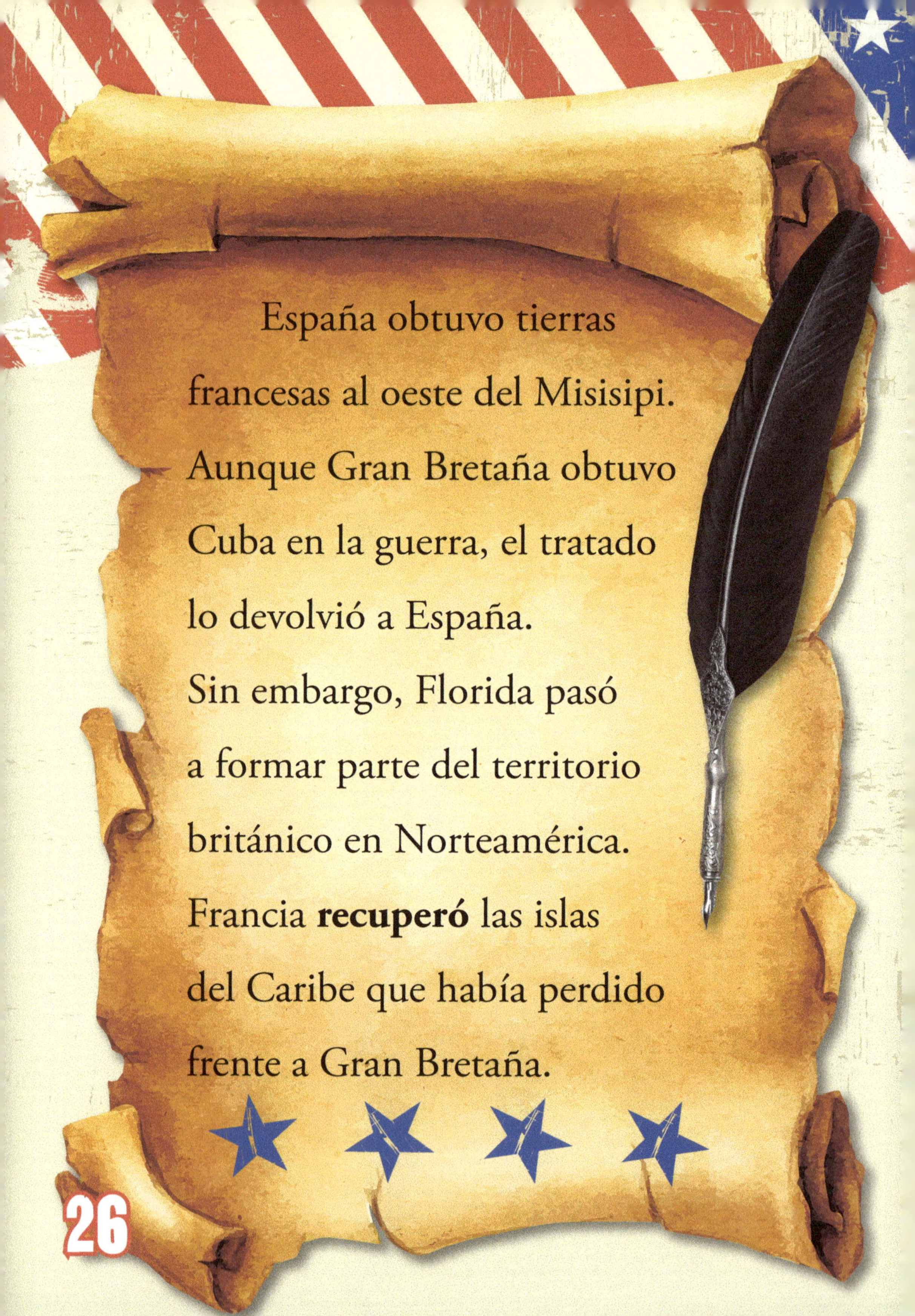

España obtuvo tierras francesas al oeste del Misisipi. Aunque Gran Bretaña obtuvo Cuba en la guerra, el tratado lo devolvió a España. Sin embargo, Florida pasó a formar parte del territorio británico en Norteamérica. Francia **recuperó** las islas del Caribe que había perdido frente a Gran Bretaña.

& reciproquement toutes les Stipulations du pre

SI QUIERES SABER MÁS

El rey Carlos III de España se negaba a firmar un tratado a menos que se devolviera Cuba a España.

Les Ratifications solemnelles du presen Traité, expediées en bonne & due Forme, sero échangées, en cette Ville de Paris, entre Les Hautes Parties Contractantes dans l'Espace d'un Mois, ou plutôt s'il est possible, à comp du Jour de la Signature du present Traité.

En Foy de quoi Nous soussignés, Leurs Ambassadeurs Extraordinaires & Ministre Plenipotentiaires avons signé de notre Mai en leur Nom, & en Vertu de nos Pleinpouvo le present Traité Definitif, & y avons fait apposer le Cachet de nos Armes.

Fait à Paris le dix de Fevrier mil sept cent soixante trois.

Bedford C.P.S. Choiseul Duc de Praslin el marq. de Grimaldi

LA GUERRA LLEVA A LA GUERRA

La guerra dejó a Gran Bretaña con una enorme **deuda**. Se aprobaron leyes para cobrar impuestos a los colonos norteamericanos, y no les permitieron asentarse en las tierras recién obtenidas por la guerra. Esto enfadó a los colonos. Estas fueron dos causas de la guerra de Independencia, que comenzó en 1775.

SI QUIERES SABER MÁS

Cuando Gran Bretaña tomó control de Ohio, a los nativos americanos que vivían allí les preocupaba que los colonos se mudaran a sus tierras. Algunos trataron de echar a los colonos británicos en la rebelión de Pontiac.

LÍNEA DEL TIEMPO DE LA GUERRA FRANCO-INDIA

Década de 1750

Las fronteras entre las tierras francesas y británicas en Norteamérica no están claras. Esto causa tensión.

1754

Los franceses construyen un fuerte en una tierra que los británicos también reclaman. Los británicos pierden la batalla del fuerte Necessity.

1756

Comienza la guerra de los Siete Años en Europa.

1759

Las fuerzas británicas invaden Canadá y toman el fuerte Carillon y después Quebec.

1760

Gran Bretaña captura Montreal. Termina la lucha en Norteamérica.

1762

España se une a Francia firmando el Pacto de Familia para luchar contra los británicos.

1763

La guerra termina con el Tratado de París.

GLOSARIO

aliado: que se une a otros para trabajar en grupo.

conflicto: un desacuerdo o lucha.

deuda: dinero que alguien debe.

estallar: ocurrir de forma violenta.

exigir: pedir enérgicamente algo.

invadir: entrar en un lugar y tomar control de él.

posesión: el hecho de ser dueño de algo.

protección: acto de mantener algo o a alguien a salvo de cualquier daño.

recuperar: volver a tomar lo que antes se tenía.

tensión: estado de oposición entre grupos.

tratado: acuerdo entre países.

PARA MÁS INFORMACIÓN

Libros

Caravantes, Peggy. *The French and Indian War*. Minneapolis, MN: ABDO Publishing Company, 2013.

Gagne, Tammy. *The French and Indian War*. Hallandale, FL: Mitchell Lane Publishers, 2017.

Sitios de Internet

The War That Made America

www.pbs.org/thewarthatmadeamerica/timeline.html

Visita esta página para repasar lo que aprendiste acerca de la guerra franco-india.

Nota del editor para educadores y padres: nuestro personal especializado ha revisado cuidadosamente estos sitios web para asegurarse de que son apropiados para los estudiantes. Muchos sitios web cambian con frecuencia, por lo que no podemos garantizar que posteriores contenidos que se suban a esas páginas cumplan con nuestros estándares de calidad y valor educativo. Tengan presente que se debe supervisar cuidadosamente a los estudiantes siempre que tengan acceso al Internet.

ÍNDICE